II   I   III

Monika Winter

Warum versteht mich denn keiner?

Die Welt eines Jugendlichen

Impressum

1. Auflage 2012
© fe-medienverlags GmbH
Hauptstraße 22, D-88353 Kißlegg

Redaktion: Monika Winter; www.evangelisation-heute.de
Illustrationen: Sven-Lassen Buchholz, D-53121 Bonn
Layout und Satz: EsCAPE-Kommunikationsdesign

ISBN: 978-3-86357-038-5
Printed in Germany

Vorwort

„Er fand Gefallen bei Gott und den Menschen", heißt es vom zwölfjährigen Jesus.

Wozu Menschen fähig sind, um Menschen zu gefallen, kann man immer wieder im Fernsehen beobachten: „Deutschland sucht den Superstar". Zuerst habe mich köstlich amüsiert: Falsche Töne, linkische Bewegungen, nicht die Spur von Talent … Doch das Lachen ist mir sehr bald vergangen, als ich hörte wie die Jury die Jugendlichen unflätig heruntermachten. „Mädchen du singst …" und dann kam ein Wort aus der Fäkalsprache. „Junge, du hopst hier herum wie ein Bekloppter." …

„Aus Selbstachtung entspringt auch Selbstgefühl, Selbstvertrauen und Selbständigkeit. Wer sich aber nicht selbst achten kann und doch Ansehen in der Welt gewinnen will, der muss notgedrungen alle Mittel der Verstellung, Kriecherei und Schmeichelei aufbieten, um sein Ziel zu erreichen. – Das ist kein Kommentar zu „Deutschland sucht den Superstar", sondern der Philologe Friedrich Martin von Bodenstedt (1814 – 1892) hatte diese Gedanken schon vor fast 150 Jahren.

Wie können Menschen zu Selbstachtung und Selbstwertgefühl, zu Selbstvertrauen und Selbständigkeit geführt werden?

Von Jesus heißt es: „*Dann kehrte er mit seinen Eltern nach Nazareth zurück und war ihnen gehorsam … Er wuchs heran und seine Weisheit nahm zu und er **fand Gefallen bei Gott und den Menschen.**"* (Lk 2, 51f). Nachdem er – schon früh, als zwölfjähriger – seinen Eltern deutlich gemacht hat: „*Wusstet ihr nicht, dass ich in dem sein muss, was meinem Vater gehört.*"

Über dem Bei-Menschen-Gefallen-finden, ja auch über dem Gehorsam gegenüber den Eltern steht eines noch höher: **„***Ich gehöre zuerst meinem Vater im Himmel!***"** Vor dem vierten Gebot: „*Du sollst Vater und Mutter ehren*", stehen die drei ersten Gebote: „*Ich bin der Herr, dein Gott. - Du sollst keine anderen Götter neben mir haben! – Du sollst den Namen Gottes heilig halten! – Gedenke, dass du den Sabbat heiligst!*"

Gott, Gottes Gebot, den Gehorsam gegenüber Gott an die erste Stelle zu rücken, bedeutet nicht, die Menschen zu verletzen. Denn die Eltern zu ehren ist nicht mehr, aber auch nicht weniger als das *vierte* Gebot; seinen Nächsten wie sich selbst zu lieben, ist genau so wichtig wie Gott, den Herrn zu lieben. Gott an die erste Stelle im Leben zu rücken, das muss oberstes Erziehungsziel sein.

Selbstverständlich ist es gut, wenn Kinder ihren Eltern gehorchen. Aber es ist besser, wenn sie verstehen, weil sie die innere Notwendigkeit der Regeln einsehen, die die Eltern vorgeben. Und wenn es um die großen Lebensentscheidungen geht, da muss man Gott mehr gehorchen als den Menschen. So können Menschen zu Selbstachtung und Selbstwertgefühl, zu Selbstvertrauen und Selbständigkeit geführt werden.

Ich wünsche, dass es vielen Jugendlichen und Kindern so geht wie Sebastian in dem vorliegenden Buch von Monika Winter, dass sie Jesus als Freund gewinnen und mit ihm an der Seite ihr Leben meistern.

Pfarrer Gerhard Kolb

Monika Winter

Warum versteht mich denn keiner?

Die Welt eines Jugendlichen

Mein Erholungstag

„Sebastian komm runter, es ist schon 9.00 Uhr, wir kommen zu spät", oh wie ich diesen Ruf an einem Sonntag morgen hasse. Nützt auch nichts, dass ich mir die Bettdecke bis zu den Ohren hochziehe, nützt auch nichts, dass ich meinen Atem so flach halte, dass man da glatt Schlittschuh laufen könnte.

Jeden Sonntag immer dass selbe Schauspiel. Erst die Stimme von meiner Mutter, die so voller Freude ist und dass morgens, wenn die halbe Welt noch schläft. Dann sich mit einer gekonnten, in Zeitlupe beginnender, Rolle aus dem Bett werfen. Mit den zwei Sinnen, die jetzt erst langsam in Fahrt kommen, sich in Richtung Bad bewegen. Wo ist der Rettungsanker, an dem ich mich kurz festhalten kann? Warum versteht mich meine Mutter einfach nicht und lässt mich einfach mal ausschlafen? Ich muss doch jeden Tag um 6.30 Uhr für die Schule aufstehen. Der Sonntag ist doch mein „Erholungstag".

Nützt alles nichts, beim Kreisen der Zahnbürste beginnen sich automatisch die Rollladen meiner Augen zu senken. Dann ertönt es schon wieder: „Beeil dich". Ruck zuck, Rollladen im Schnellverfahren an ihre Ausgangsposition und jetzt noch schnell die Kleidung an. Hoffentlich fällt es nicht auf, dass mein T-Shirt einen großen Ketchup-Fleck hat. Könnte aber klappen, rot auf rot. Egal, anziehen, runter und einfach meine Eltern ignorieren. Die sind es ja auch, immerhin, die mich dazu drängen! „Sebastian, so kannst du nicht in die Kirche gehen, zieh dir bitte ein sauberes T-Shirt an. Heute ist Sonntag und da sollte man sich schon angemessen anziehen", meint meine Mutter. Sie hat es also doch gemerkt, wie ich das hasse. Also stampfe ich mit lauten Schritten in mein Zimmer, so eine blöde …. Ich sag es jetzt mal nicht laut, nicht, dass sie einen Schreianfall bekommt.

Dann zieh ich eben ein „Sonntags" Shirt an, aber meine schlechte Laune, die lasse ich, da kann sie machen, was sie will! Verstehen tut sie mich sowieso nicht.

Undercover unterwegs

Ich bin Messdiener in unserer Stadt, da bin ich so hinein geschlittert, als ich mit der Kommunion fertig war. Jetzt ist es für mich so wie eine „Pflicht". Was aber super ist, dass ich das schon alles automatisch kann. Also Einzug, Auszug und am Schluss Rückzug aus der Kirche. Mit den anderen Kindern verstehe ich mich nicht so gut. Ehrlich gesagt kannst du auch kein Gespräch anfangen. Irgendwie glaube ich, die sind selbst noch nicht so fit. Ist ja auch egal, ich will nur diese eine Stunde so schnell wie möglich hinter mich bringen und dann ab nach Hause.

Ich muss aber sagen, mein Platz, den ich in der Kirche habe, der ist schon super. Bin auf Beobachtungsposition und kann mir die Menschen in der Kirche genau anschauen. Da sind die Kinder, die ihren Eltern immer wieder das Gesangbuch aus den Händen reißen und dann die rollenden Augen der Eltern. Manchmal kann ich auch von hier vorne die Schweißtropfen auf ihrer Stirn sehen. Da sind einige, bei denen funktionieren die Rollladen super, bis ganz nach unten sind die ausgefahren. Es gibt aber auch die sogenannten „Wandgucker". Die schauen sich immer die Wände an und nie nach vorne. Hab schon mal nachgeschaut, ob da nicht was drauf steht, aber da ist nichts, nur eine normale Wand mit viel Putz. Immerhin haben die „Wandgucker" mich dazu bewegt, mich in der Kirche zu bewegen, nämlich mehr als ich eigentlich wollte.

Dann sind da noch die Untergetauchten, welche immer auf den Knien sind. Ich kann dass nicht, da tun mir einfach die Knie weh und für was auch, ich sitze doch viel besser. Wenn die sich knien wollen, dann sollen die das doch tun, geht mich doch nichts an.

Ach und dann sind da immer noch ein paar, die stupsen immer ihre Nachbarn und halten ein kleines Schwätzchen. Richtig, nur weiter so, ist doch langweilig genug! Warum schubst mich denn hier vorne keiner, dann könnte ich von meinem neuen Computerspiel erzählen.

Mensch, wie schwitz ich immer mit all dem Zeug , was ich in der Kirche anziehen muss. Wellness ist das nicht!

Gott sei Dank, die Stunde ist rum. Schnell, ich will RAUS!!!

Ich bin immer der Erste, dafür müsste ich eigentlich eine Medaille bekommen! Die „ich bin die schnellste" Medaille. Sollte ich vielleicht mal vorschlagen, vielleicht noch mit Preisgeld und einer Woche Urlaub.

Eltern

Da sind ja meine Eltern, die warten selbstverständlich auf mich und wie die wieder so ein Grinsen im Gesicht haben. Das nervt total! Ich weiß nicht, warum die einfach immer so eine Freude haben, in die Kirche zu gehen. Vielleicht, wenn ich mal eine super-gute Laune-Minute habe, dann frag ich mal meine Mutter. Aber das kann halt schon dauern, diese Minuten sind relativ selten und die habe ich meistens beim Computerspielen.

Meine Mutter hasst Computer spielen. Die meint, dass mich das Computerspielen immer so aggressiv macht. Aber die versteht mich einfach nicht. Die macht immer einen auf „Halleluja". Soll sie doch, aber nicht mit mir.

Mein Papa ist da schon cooler. Der lässt mich Computer spielen und auch Fernsehen. Wenn ich mir einen Freund aussuchen dürfte, dann sollte er so sein wie mein Vater. Mein Vater geht auch in die Kirche, dafür bewundere ich ihn immer. Der ist so ruhig, so gelassen und manchmal, da sehe ich ihn auch beten. Da denke ich mir immer: Mensch, der Papa ist ja nicht gerade klein und so ein großer Mann, der kniet da und faltet die Hände zusammen, um mit Gott zu sprechen.

Geschenketag

Ich habe in den Kommunionstunden einiges über Gott erklärt bekommen, aber so richtig habe ich es nicht verstanden. Das ging mir alles zu schnell, aber auf der anderen Seite habe ich ganz tolle Geschenke an meiner Kommunion bekommen. Das Beste war natürlich das Geld! Mensch, soviel Geld für einfach mal in die Kirche zu gehen. Könnte ich jedes Jahr haben, ist aber leider nur ein „Einmalprodukt".

Meine Mutter und mein Vater waren an diesem Tag so stolz auf mich und haben geweint. Ich dachte zuerst wegen dem vielen Geld. Ich habe dann später erfahren, dass es für die beiden ganz wichtig war, dass ich endlich zur Kommunion gehen durfte.

Von dem Geld habe ich mir gleich alles mögliche gekauft und das Geld war in Null Komma Nix verschwunden. Aber egal, ich lebe jetzt und nicht in einem Sparbuch. Das Buch kann ich mir auch sparen. Aha, so ist das Wort „Sparbuch" entstanden.

Schule

Ding, Dang, Dong und das für fünf Minuten! Oh nein, Montag, Schule, lernen, einfach den Kopf volldröhnen lassen.

Auch hier wieder, alles Halbmast und in slow-motion. Schule ist schon echt anstrengend und vor allen Dingen der Schulranzen! Warum muss man soviel mitschleppen? Da denkt bestimmt keiner mit. Vielleicht sollte ich so ein Knocheneinrenker werden. Die Kinder sind die Zukunft: kaputter Rücken!

Also ziehe ich mein 100 Kilo Schulranzen an und ab geht's in die Schule.

In der Schule bin ich natürlich der Hit. Hab die teuersten Computerspiele und davon auch noch viele, die ich gerne ausleihe. So kann ich mir die Freunde halten und bin der Anführer. Ich brauch eigentlich keine richtigen Freunde, dafür fehlt mir auch einfach die Zeit. Nach der Schule mach ich schnell in 3 Stunden die Hausaufgaben und dann kommen meine Computerspiele dran und zum krönenden Abschluss „das Fernsehen".

Meine Augen müssten eigentlich rechteckig sein, so wie mein großer Plasma Fernseher. Aber Gott sei dank, sind die einfach nur wunderschön. Große, wunderschöne Augen, mit denen ich später bestimmt mal die Mädels zum Dahinschmelzen bringe.

Wenn ich Erwachsen bin

Schule ist für mich nur nebensächlich. Ich bin froh, wenn ich die Jahre absitzen kann und dann einfach so leben kann, wie ich mir dies vorstelle.

Zuerst einmal eine große Wohnung. Ein super großer Kühlschrank, der bis oben mit Sprite, Pizza und Bratwurst gefüllt ist. Vielleicht lege ich auch ab und zu mal eine Karotte zur Deko rein. Ich glaub, da stehen die Mädels drauf, auf so ein „Gesundzeug". Egal, weiter. Im Wohnzimmer kommt eine Leinwand, mit mindestens vier mal fünf Meter, an die Wand. Ein super Beamer, damit ich alle Programme gestochen scharf sehen kann. Mein Bett, na ja, Matratze, Lattenrost und Bettwäsche. Da brauch ich nicht so viel, ist ja nur zum Schlafen. Im Bad

reichen das Klo und eine Dusche. Waschmaschine brauch ich nicht, dafür hab ich doch Mutti, die macht das bestimmt für mich. Muss ich einfach nur mal ein paar Blümchen mitbringen, macht Papa auch immer.

Und wenn das Kleingeld fehlt, dann gehe ich zu meinem Vater. Der versteht mich, da sind wir auf einer Wellenlänge. Aber zuerst muss ich noch die paar Jahre durchhalten und dann: „Hallo Welt, hier komm ich".

Die Spaßverderber

Ich bekomm mich mit meiner Mutter immer in die Haare, da ich die Hausaufgaben eigentlich viel lieber morgens vor der Schule mache. Die versteht das einfach nicht, dass ich nicht soviel Zeit dafür brauche. Die 3 Stunden mittags könnte ich in 10 Minuten morgens zusammenfassen. Aber nein, Spielverderber Mama setzt sich immer durch. Wird die mich je verstehen? Ich frag mich manchmal, wie es bei ihr war, als sie so alt wie ich war. Die war bestimmt eine: Ja Mama, mach ich gleich Mama, kein Problem Mama. Ich würd jetzt einfach mal sagen, ein Streber. Aber egal, die fünf Minuten Diskutieren gehen in das eine Ohr rein und durch das andere wieder raus, was mich auch daran erinnert, mal wieder meine Ohren zu putzen.

Mein Tag sieht eigentlich immer gleich aus. Aufstehen, Schule, Heimkommen, Essen, Hausaufgaben und danach meine Zeit. Ist eigentlich auf Dauer schon langweilig. Aber was will man machen, die anderen Jungs von meiner Schule, die machen das fast genau so wie ich.

Wenn ich meinem Vater zuhöre, wie die früher ihre Kindheit verbracht hatten, da muss ich immer nur staunen, dass mir manchmal der Mund einfach offen bleibt. Er erzählte mir von den vielen Fußballspielen auf einem Schotterplatz hinter dem Haus. Oder wie sie Flaschen sammeln gingen, um ein wenig Geld zu haben und dann kauften die sich immer Matchboxautos, so heißen die Autos glaube ich. Ist schon irre, wie verstaubt und alt das früher war. Wie kann man mit so ein paar Blechautos Spaß haben? Da lob ich mir doch lieber die Technik. Stecker in die Steckdose und der Spaß kann beginnen.

Ich merk schon gar nicht mehr, wie lange ich vor dem Computer oder dem Fernseh sitze, aber dafür habe ich ja eine Sirene, die dann ganz laut ruft: „Sebastian, Schluss jetzt". Den „Schluss" ziehe ich natürlich immer ein wenig in die Länge, immerhin weiß ich ja am besten was gut für mich ist und wie lange. Jedenfalls nach dem dritten Schluss ist dann wirklich Schluss.

Verkehrte Welt

Einmal, als ich noch Hunger hatte und zur Küche gehen wollte, hörte ich meine Mutter mit meinem Vater reden. Meine Mutter weinte und das tat mir schon ein wenig Leid. Aber das habe ich gleich verdrängt, denn meine Mutter will ja mir immer alles verbieten. Dann streich ich doch lieber meinen Hunger. Die verstehen ja auch nicht, wenn ich weine, wie es mir geht, selbst Schuld!

Endlich, Halbzeit, Ferienzeit. Aber bei uns sieht das ganze ein wenig anders aus. Wir fahren immer dort hin, wo eine Kirche steht. Damit ja kein Gottesdienst verpasst wird. Wie öde ist denn das! Urlaub wird doch ganz anders im Duden erklärt, dort steht nichts drin von „Kirche gehen". Mein Gott, sind meine Eltern alt und verstaubt. Man könnte auch sagen „superfromm". Na ja, die können das ja so machen, ich nicht. Hab ich da im Gehirn vielleicht eine Gehirnwindung mehr drin, das ich das besser verstehe als die?

Sinnlose Witze

Was mich auch noch so total abnervt, sind die blöden Witze meiner Mutter. Nur mal so zum Beispiel. Als ich mir ein neues Computerspiel kaufen wollte, da fragte ich selbstverständlich meine Mutter ob sie mir nicht einen 50er rüber wachsen lassen könne. Sie fragte mich, ob ich einen Zwiebelgeldbeutel hätte. Ich fragte nach, was das heißt: Zwiebelgeldbeutel. Achtung, jetzt alle Muskel-Lachstränge anspannen, damit auch wirklich ein Lachen rausgequetscht wird. Sie sagte: „Wenn du deinen Geldbeutel aufmachst, dann musst du weinen!". Ist das nicht furchtbar, warum muss ich nur solche Witze hören. Kann sie nicht einfach einen 50er geben und fragen, ob das reicht?

Jedenfalls bin ich froh, wenn ich nicht mit ihr gesehen werde, ist ja oberpeinlich.

Wofür Eltern da sind

Meine Eltern gehen ganz lieb miteinander um, das macht mich manchmal ein wenig wütend. Erstens sind die zu mir nie so und zweitens kann ich das auf „harmonische Familie" gar nicht haben. Wie kann man sich eigentlich so gut verstehen? Ich schaffe das kaum, da ich schon immer sehr gereizt bin. Man könnte sagen, eine U-Bahn wäre langsamer als mein Gemütszustand. Manchmal, wenn ich wirklich sauer bin, dann bekomme ich einen roten Kopf und wenn meine Ventil-Ohren nicht da wären, dann wäre da eine gewaltige Explosion. Das muss aber auch mal sein, ich kann doch nicht immer all den Ärger in der Schule in mich hineinfressen zuhause soll ich dann auch noch ruhig sein. Dafür sind doch Eltern da! Sie müssen sich ja um mich sorgen und kümmern bis ich 18 Jahre alt bin und dann kann ich mich schon selbst um mich kümmern.

Klaro, Startkapital sollte da schon vorhanden sein. Aber das ist ja Ehrensache, bei solch einem Prachtkerl.

Der Lauschangriff

Heute ist meine Mutter irgendwie komisch. So ruhig, so seltsam. Ich glaube, ich bleibe mal lieber auf Beobachtungposition, nicht, dass da ein faules Ei gelegt wird und die wollen mir das unterschieben. Als mein Vater von der Arbeit heimkommt, klaro, erst mal ein Küsschen da und ein Küsschen dort, aber Stopp, nicht für mich, da gehen beide in die Küche und reden lange.

Wenn ich doch nur ein Abhörgerät oder super-saubere Ohren hätte, dann könnte ich ein wenig mehr verstehen. Leider höre ich nur Bruchstücke von ihrem Gespräch: gefunden, tut mir leid, was soll ich tun, beten.

Leider ergibt das für mich keinen Sinn, aber was macht denn eigentlich auch Sinn? Das ist eigentlich eine gute Frage, die ich mal überlegen sollte, aber heute nicht. Bin müde und möchte eigentlich nur ins Bett. Morgen ist ja auch noch ein Tag und übermorgen könnte es vielleicht auch klappen.

Jetzt ist es schon der dritte Tag, dass meine Mutter so komisch ist. Oh je, die brütet bestimmt ein dickes Ei aus. Hoffentlich bin ich das nicht, das dann in die Pfanne geschlagen wird. Ich gehe mal vorsichtshalber auf Tauchstation in meinem Zimmer, am besten hinter meinem Wäscheberg. Da traut sich keiner ran, dass ist die sicherste Burg der Welt. Noch ein paar gebrauchte Socken dazwischen und schon ist die Riechzone erstellt. Uneinehmbar!

Die Wende

Vierter Tag, jetzt halte ich es aber nicht mehr aus. Ich gehe zu meiner Mutter und frage sie jetzt einfach mal. Ich frage einfach mal, ob ich ihr was helfen kann, dass mach ich sonst nie. Möchte ihr ja nicht ihre Arbeit wegnehmen. Sie lächelt mich freundlich an und sagt: „Ja bitte, du kannst den Müll rausbringen". Eh, das wollte ich jetzt eigentlich nicht, ich dachte da mehr an: Nee, lass mal, du hast genug zu tun.

Jetzt nehme ich mal meinen ganzen Mut zusammen und frag sie einfach mal. „Mama" sag ich einfach mal zu ihr in der entgegengesetzter Richtung mit Blick auf den Boden, „Mama, du bist so ruhig in letzter Zeit, ist was?" Na also, geht doch, man muss nur die Wörter in der richtigen Reihenfolge sagen und schon klappt es.

Meine Mutter setzt sich hin und schiebt mir einen Stuhl zurecht. Ich soll mich setzen, oh oh, das ist nie gut. „Sebastian", sagt sie mit ruhiger Stimme, „mich hat Tims Mutter vor einigen Tagen angerufen und sie hat mir mitgeteilt, dass du Tim ein furchtbares Computerspiel geschenkt hast und Tim seitdem Albträume hat und seine Eltern nur noch anschreit". Nur mal so zur Info: Tim ist mein bester Freund und ich würde ihm nur das geben, was ich selber auch für cool halte.

„Ich weiß, dass Tim dein bester Freund ist", (hey kann meine Mutter Gedanken lesen?) „ und es tut mir auch leid, dass ich dir dass jetzt sagen muss, aber dein Computer und die ganzen Spiele kommen weg" .

Aua, was war das für ein Stich in meinem Herzen. Eine große Kälte und Wut macht sich in mir breit und ich merke wie sich meine Hand zur einer Faust ballt. Ich schlage wütend auf dem Tisch und schrei sie nur an: „Das kannst du mir nicht verbieten, du nicht !!!"

Ausgegrenzt

Wütend gehe ich aus dem Zimmer und sehe gerade noch aus meinem Augenwinkel, wie meine Mutter gebückt da sitzt und wie sie weint. Aber das ist mir alles egal, sie hat mir weh getan, soll sie jetzt auch leiden.

Am nächsten Tag, als ich aus der Schule kam, war alles weg, mein Computer, meine Spiele, alles war weg und mein Zimmer sah jetzt gespenstig aus, so leer und aufgeräumt.

Mein Vater hat mir dieses mal nicht geholfen und das hat mich doch verletzt, da ich dachte, dass er mein Freund sei. Aber diese beiden haben sich verbündet und beten da unten immer zusammen. Ich weiß jetzt wer an allem schuld ist: Es ist Gott!

Seit meine Eltern beten und in die Kirche gehen, haben die sich verändert. Keine Schimpfwörter mehr, kein Geschrei von meiner Mutter, keine Zornausbrüche. Das ist doch ein langweiliges Leben, so immer auf Frieden und Freude bedacht zu sein.

In meiner Schule hat sich jetzt auch einiges verändert. Seit ich keine Spiele mehr ausleihe oder mit denen über die coolsten Varianten der Spiele reden kann, bin ich nicht mehr der Hit. Sogar mein bester Freund, der Tim, will nichts mehr von mir wissen. Ich sitze jetzt oft alleine in den Pausen da und ich werde immer wütender auf Gott, da er auch an dieser ganzen Sache schuld ist. Warum macht der das nur, warum nur? Versteht der denn nicht, dass ich jetzt ein Niemand bin? Alle meiden mich, ich bin ausgegrenzt.

Der Schuldige

Mir reicht es jetzt! Mit einer großen Portion Wut im Bauch gehe ich in die Kirche. Es ist nachmittags, da ist sowieso niemand drin. „Warum hast du mir das angetan, warum hast du mir alles genommen?" Ich stehe mitten in der Kirche und schaue auf das Kreuz. „Ja, du bist schuld, dass mich keiner mehr mag, du bist schuld, dass meine Mutter und mein Vater so gemein zu mir sind, ich hasse dich, ich hasse dich, ich hasse dich". Ich fang an zu weinen, alles bricht aus mir heraus. All die Wut, all der Schmerz, von meinen Mitschülern, meinen Eltern, meinen „Freunden", all das bricht aus mir heraus. Ich weiß nicht wie lange ich geweint habe.

Meine Augen tun weh, sie sind aufgequollen wie nach einer Schlägerei. Ich schaue mich um, ich bin noch allein, wenigstens hat mich keiner weinen gesehen.

Mir tut es im Herzen weh, wie mich Jesus vom Kreuz anschaut. Ich gehe näher hin und ich entdecke zum ersten Mal seine Wunden. Mir sind die vorher nie so bewusst geworden, da ich auch nicht so hingeschaut habe. Als ich in Jesus Gesicht schaue, sehe ich Züge, die mir eine Wärme in meinem durchgeschüttelten Körper geben.

Der muss ja fürchterliche Schmerzen gehabt haben, so wie die Wunden aussehen und trotzdem hat er ein Lächeln im Gesicht. Mit diesem Eindruck gehe ich nach Hause. Komisch, meine Wut ist jetzt nicht mehr da. Nur viele Fragen sind jetzt in meinem Kopf.

Das Lächeln

Als ich die Haustür aufschloss, stand meine Mutter schon dort. Sie lächelte mich an und sagte nur: „Ich habe mir Sorgen gemacht, aber ich bin froh, dass du wieder da bist". Das war das erste Mal, dass ich meiner Mutter nichts erwiderte, sondern einfach nur an ihr vorüber ging. Vielleicht hat sie sich ja wirklich Sorgen gemacht?

Ich liege lange wach in meinem Bett und das Bild von Jesus Lächeln will einfach nicht aus meinem Kopf gehen. Warum lächelt er?

Am nächsten Tag in der Schule versuchen die Kinder mich wieder zu hänseln. Aber komisch, dieses Mal ist es für mich nicht mehr so schlimm. Denn ich denke immer an das Lächeln von Jesus und es fällt mir leichter, das auszuhalten.

Heute machen mir meine Hausaufgaben sogar Spaß, weil ich danach schnell in die Kirche gehen will. Nur eine Stunde habe ich heute gebraucht, sage meiner Mama noch schnell tschüss und schon bin ich unterwegs.

Die Kirchentür knarrt ein wenig. Ich drücke sie ganz auf und dann bin ich auch schon drin. Irgendwie fühle ich mich hier aufgehoben, so geborgen, fast so wie bei meinem Papa.

Wie macht das mein Papa immer? Hände zusammen falten und dann einfach sprechen. Ich probiere es mal: „Hallo", na klappt doch schon mal gut, „ich heiße Sebastian und weiß eigentlich nicht, wie ich mit Dir reden soll". Irgendwie bin ich nervös, ob mich Gott versteht? Egal, ich rede jetzt einfach mal weiter.

„Weiß du, Gott, die Kinder in der Schule sind gemein zu mir. Sie lachen über mich und grenzen mich überall aus. Freunde habe ich keine, ich dachte mal, dass ich welche habe. Willst du vielleicht mein Freund sein? Ich habe doch sonst keinen."

Das Gespräch

Aber Moment mal, da sind ja auch noch meine Mama und mein Papa. Die sind doch immer für mich da. Schnell springe ich aus der Bank, winke dem Jesus noch zu und gehe nach Hause.

„Mama", quetsche ich atemlos aus mir heraus, „Mama, erzähl mir von Gott".

Meine Mutter schaut mich an und macht mir erst mal ein Glas Apfelsaftschorle. Mmmmh, lecker. Ich setze mich mit meiner Mutter ins Wohnzimmer und sie fängt an, über Gott zu erzählen.

So habe ich das noch nie gesehen. Meine Mutter hat über ihre Kindheit gesprochen, dass sie viele Schläge bekommen hatte und dass sie nie richtig geliebt wurde. Dass hatte ich ja alles gar nicht gewusst. Als meine Mama das erzählte, hatte sie Tränen in den Augen und ich nahm die Hand meiner Mutter zum ersten Mal nach langer Zeit und drückte Sie. Sie tat mir leid, aber sagen konnte ich es noch nicht.

Sie sprach, dass sie lange so gelebt hat, bis sie Gott in ihr Leben gelassen hatte. Gott hatte alles bei ihr wieder gut gemacht. Dass Gott ihr die Liebe gegeben hat, die sie nie hatte und dass Gott immer nur das beste für einen möchte, denn Gott hat ja jeden von Herzen lieb.

Das war jetzt schon viel für mich und ich sagte meiner Mama, dass ich auf die Toilette muss , damit konnte ich dieses Gespräch schnell beenden.

Gott

Gott liebt jeden? Das heißt ja, dass Gott auch mich liebt. Mich Sebastian, den keiner versteht und auch nichts mehr mit mir zutun haben will, mich liebt er!

Meine Mutter, sie hat viel durchgemacht und doch hat sie mich mit ihrer Liebe immer behütet. Ich verstehe jetzt auch, dass sie auch mal schimpfen muss, denn wie soll ich es sonst lernen. Die Erfahrung, wenn ich nicht so will wie mein Eltern, die muss ich dann selbst machen, auch wenn es Beulen oder sonstige Schmerzen bereitet.

Ich denke viel über Gott nach in letzter Zeit. Heimlich gehe ich an den Bücherschrank meiner Eltern und hole mir ein Buch nach dem anderen heraus. Das interessanteste ist

die Bibel. Dort steht die ganze Geschichte von Jesus drin. Als ich lese, was Jesus alles auf sich genommen hat, bin ich geschockt.

Wer nimmt schon freiwillig so viele Schmerzen auf sich? Und wer nimmt freiwillig auf sich, dass alle einen auslachen und er nicht der Hit ist?

Ich könnte dies nicht, dafür bin ich viel zu schwach und habe Angst vor den Schmerzen. Aber Jesus, der hat das getan, auch für mich, so wie ich es in der Bibel lese.

Mein neues Leben

In mir verändert sich vieles. Ich brauche jetzt keine Computerspiele mehr. Ich sehe draußen zum ersten Mal wie schön doch alles ist. Und wenn ich die Anderen spielen sehe, dann würde ich am liebsten mitspielen. Aber so richtig traue ich mich noch nicht, die zu fragen, wäre ja auch ein wenig uncool. Aber was ist uncool? Ist es, dass ich Angst habe, dass die Anderen über mich lachen, dass sie mich rumstoßen und mit dem Finger auf mich zeigen? Ist er nicht eher uncool, dass ich jetzt lieber in die Kirche gehe, dass ich mich sogar jetzt schon freue, wenn Sonntag ist? Ja, ich glaube, dann nehme ich doch lieber dieses Uncool auf mich.

Heute ist Sonntag, endlich. Ich stehe schon um 8.00 Uhr auf um zu duschen, Zähne zu putzen und mich anzuziehen. Ich bin jetzt immer der Erste der dort ist, denn ich will vorher noch schnell Jesus sagen, wie meine Woche war und bitte ihn, dass er mir doch meinen Schmerz ein wenig mit seinem Superpflaster verbinden möge. Was dieses Superpflaster ist? Das ist die Liebe, die meine Wunden heilt. Hört sich schon irgendwie komisch an, aber ich kann das auch nicht besser erklären. Jedenfalls hilft es und es geht mir danach viel, viel besser.

Es macht mir jetzt auch nichts mehr aus, wenn ich das Messdienergewand anziehe. Auch wenn ich schwitze! Ich muss doch ordentlich aussehen, immerhin darf ich doch helfen, dass Jesus dann zu den Menschen gereicht wird. Ich habe dies noch nie so gesehen. Ich stehe in einem Raum, in der nur der Priester und die Messdiener sind. Also ist es etwas ganz Besonderes ein Messdiener zu sein.

Wenn der Priester die Hostie hochhält und sagt: Das ist der Leib Christi! dann verstehe ich das jetzt auch. Das ist Jesus selber! Dann möchte ich ihm nur ganz nahe sein und das Tollste ist, er kommt dann auch zu mir. Das ist für mich immer so wunderschön. Mein Freund, dem ich alles sagen kann, der ist jetzt bei mir.

Er ist mein bester Freund und ich werde in meinem ganzen Leben keinen treueren Freund finden. Ihm kann ich alles sagen, er kennt meinen Kummer und meine Ängste. Aber ich kann auch mit ihm lachen und mich riesig freuen. Kurz gesagt: Er ist der Beste!

Jetzt bin ich nicht mehr der Erste, der schnell nach Hause möchte. Die Medaille und der Preis sind mir jetzt nicht mehr so wichtig, denn ich habe ja schon den Hauptgewinn gezogen! Jesus!

Meine Eltern warten draußen auf mich und jetzt lache ich auch schon wie die. Ist ein Virus, den man einfach nicht aufhalten kann. Ich nenne ihn einfach mal den Love-Virus. Das ist der einzige Virus, bei dem keine Medizin notwendig ist und das ist der einzige Virus, den ich gerne verteilen möchte. Also aufgepasst, der Love-Virus ist im Anmarsch. Hoffentlich wird die ganze Welt damit angesteckt.

Mein Freund

Eines kann ich Euch noch sagen, seitdem ich meinen neuen Freund habe und seit dem ich meine Eltern endlich verstehe und lieb habe, seit dem bin ich viel glücklicher. Vielleicht ergeht es dir auch manchmal so, dass du denkst: Keiner versteht mich! Aber es gibt wirklich jemanden, der versteht dich super. Versuch es doch einfach mal. Und ich muss auch gestehen, meine Eltern sind schon klasse. Die haben immerhin mich die ganze Zeit so ertragen.

Mein Rezept fürs Leben

Man nehme Vater und Mutter (versucht sie zu verstehen und zu lieben) und lese im Rezeptbuch (die Bibel) noch einmal nach, ob ich nichts vergessen habe und verrühre Liebe, Hoffnung und den kleinen Glauben (muss erst noch wie ein Sauerteig aufgehen) zu einem großen Teig.

Diesen schiebe ich in die Kirche und lasse den Teig im Wort des Herrn für eine Stunde aufgehen. Danach darf ich als Vorgeschmack des fertigen Teiges ein kleines Stück von Glaube, Hoffnung und Liebe im Brot des Lebens (hl. Eucharistie) kosten.

Ich kann Euch nur sagen, das ist das beste Brot, das ich je gegessen habe, es ist einfach „himmlisch". Es macht mich satt, aber auch gleichzeitig wieder hungrig auf neues Brot.

Vielleicht sehen wir uns ja mal in der Kirche. Es würde mich jedenfalls freuen. Ich weiß auch schon, wie ich dich erkennen kann: Es sind die roten Backen, die so wunderbar leuchten! Die habe ich nämlich auch beim ersten Mal gehabt, vor lauter Aufregung.

Sage meinem Freund Jesus, dass du dich noch nicht so ganz traust, aber dass du schon ein wenig an ihn gedacht hast.

Bis bald und sei mutig!